REVIEW COPY
COURTESY OF
CAPSTONE PRESS

Historia Gráfica en español

HARRIET·TUBMAN
y el FERROCARRIL CLANDESTINO

por Michael Martin
ilustrado por Dave Hoover y Bill Anderson

Consultora:
Lois Brown, Doctora en Filosofía
Museo de Historia Afro-Americana
Boston, Massachusetts

Graphic Library is published by Capstone Press,
151 Good Counsel Drive, P.O. Box 669, Mankato, Minnesota 56002.
www.capstonepress.com

1 2 3 4 5 6 11 10 09 08 07 06

Library of Congress Cataloging-in-Publication Data
Martin, Michael, 1948–
    [Harriet Tubman and the underground railroad. Spanish]
    Harriet Tubman y el ferrocarril clandestino/por Michael Martin; ilustrado por Dave Hoover y
Bill Anderson.
    p. cm.—(Graphic library. Historia gráfica en español)
    Includes bibliographical references and index.
    ISBN 0-7368-6059-2 (lib. bdg.)
    1. Tubman, Harriet, 1820?-1913—Juvenile literature. 2. Slaves—United States—Biography
Juvenile literature. 3. African American women—Biography—Juvenile literature. 4. African
Americans—Biography—Juvenile literature. 5. Underground railroad—Juvenile literature. I.
Hoover, Dave, 1955– ill. II. Anderson, Bill, 1963– ill. III. Title. IV. Series.
E444.T82M354 2006
306.3'62092—dc22   2005054201

Summary: The story of Harriet Tubman and the Underground Railroad told in a
    graphic-novel format.

Editor's note: Direct quotations from primary sources are indicated by a yellow background.

Direct quotations appear on the following pages:
Pages 9, 11, 13, 15, 16, 23, from *Harriet Tubman: The Moses of Her People* by Sarah Bradford
    (Bedford, Mass.: Applewood Books, 1993).
Page 21, lyrics from "Steal Away to Jesus," an African American folk song, as quoted in
    The Books of American Negro Spirituals compiled by James Weldon Johnson and
    J. Rosamond Johnson (New York: Viking Press, 1940).
Page 27, from *Harriet Tubman* by Earl Conrad (Washington, D.C.: The Associated Publishers,
    1943).

Credits

Art Director
Jason Knudson

Storyboard Artist
Keith Wilson

Colorist
Brent Schoonover

Editor
Donald Lemke

Spanish Translator
Jessica S. Lilley

Spanish Editor
Elizabeth Millán

Acknowledgments

Capstone Press thanks Philip Charles
Crawford, Library Director, Essex High
School, Essex, Vermont, and columnist for
Knowledge Quest, for his assistance
in the preparation of this book.

Capstone Press thanks Dave Hoover and
Bill Anderson of Cavalier Graphics.

ÍNDICE

Capítulo 1
CRECIENDO COMO ESCLAVA

Harriet Tubman nació esclava en Maryland alrededor del año 1820. Como todos los esclavos, Harriet trabajaba mucho sin ser pagada. Cuando tenía seis años, ya estaba fregando pisos, sacudiendo mesas y cuidando a niños.

Con el paso de los años, Harriet se hizo más fuerte. Medía sólo 5 pies, pero trabajaba en los campos con los hombres.

Más tarde esa noche, Harriet decidió partir hacia la libertad. Pennsylvania estaba a más o menos 90 millas. Allí, la esclavitud era ilegal.

Adiós, John.

No le dijo a su esposo que se iba.

Capítulo 2

EN CAMINO A LA TIERRA PROMETIDA

A mediados del siglo XIX, algunas personas ayudaban a los esclavos a escaparse a los estados del norte y a Canadá. Les daban comida, refugio y transporte entre los pueblos a los esclavos fugitivos. Este sistema se llamaba el Ferrocarril Clandestino.

Harriet conocía a personas que podían ayudarla.

Me estoy escapando a la libertad. ¿Me puede ayudar?

Sí. Toma este papel al próximo pueblo. Allí, alguien te ayudará.

Las personas que ayudaban a los esclavos podrían ser multadas, encarceladas o hasta asesinadas. A pesar de esto, muchas personas arriesgaron estos castigos porque creían que los esclavos deberían ser libres.

Ese es un lugar seguro. Nadie te buscará allí arriba.

Después de semanas de peligro, Harriet por fin entró al estado libre de Pennsylvania.

No puedo creer que realmente soy libre. La luz del sol parece oro en los árboles y sobre los campos. Me siento como si estuviera en el cielo.

Capítulo 3
EL PRIMER RESCATE

Una vez que llegó a Pennsylvania, Harriet encontró trabajo. Disfrutaba de su libertad, pero extrañaba a su familia en el sur.

O Señor, no tengo ningún amigo menos Tú.

A finales del año 1850, un amigo le dio unas noticias horribles.

Tu sobrina Keziah y sus hijos van a ser vendidos en una subasta de esclavos en Maryland.

¡Tengo que hacer algo! Van a mandarlos hacia el sur más profundo y jamás los volveré a ver.

Capítulo 4
CONDUCTORA EN EL FERROCARRIL

Durante los próximos meses, Harriet regresó a Maryland y rescató a otros miembros de su familia, incluyendo a uno de sus hermanos.

21

CANADÁ

La Ley de los Esclavos Fugitivos de 1850 hizo que los rescates de Harriet fueran más difíciles. Esta ley permitía a los dueños buscar a los esclavos fugitivos en cualquier parte de los Estados Unidos. Para el año 1851, Harriet llevaba a los esclavos hasta Canadá.

En el camino, Harriet seguía recibiendo ayuda de otros miembros del Ferrocarril Clandestino. Les daban comida y ropa a los esclavos fugitivos y les ofrecían lugares donde esconderse.

Desde 1851 hasta 1860, Harriet hizo más de 19 viajes a Maryland y otros estados que permitían la esclavitud. Ella trajo más de 300 personas a la libertad en el norte de los Estados Unidos y en Canadá.

Para el año 1861, el asunto de la esclavitud había contribuido al comienzo de la Guerra Civil. Los estados del norte lucharon contra los del sur. En abril de 1865, el Norte derrotó al Sur. Ese mismo año, el Congreso aprobó la Decimotercera Enmienda. Esta enmienda a la Constitución de los Estados Unidos puso fin a la esclavitud en el país.

Por el resto de su vida, Harriet Tubman ayudó a personas que habían sido esclavos a empezar una nueva vida. También habló sobre sus viajes por el Ferrocarril Clandestino.

En mi Ferrocarril Clandestino, mi tren nunca salió de su vía, y nunca perdí a un solo pasajero.

MÁS SOBRE HARRIET TUBMAN

Cuando nació, a Harriet Tubman le pusieron el nombre Araminta Ross. Luego Harriet tomó el nombre de pila de su madre en honor a su familia.

Después de la herida a su cabeza, Harriet se desmayaba o se dormía varias veces al día. Harriet dijo que tenía visiones del futuro durante muchos de estos "mareos". Algunas personas creen que las visiones de Harriet le ayudaron a evadir la captura.

Harriet usaba canciones para mandar mensajes secretos. Algunas veces las canciones advirtieron a los esclavos del peligro que les esperaba. Harriet solía cantar "Pasen al agua" cuando los cazadores de esclavos y sus perros se acercaban. Esta canción les indicaba a los esclavos fugitivos que se salieran del camino y que se metieran en un río o un pantano. Caminando por el agua hacía que los perros perdieran el olor de los fugitivos.

En 1851, Harriet regresó al Sur para buscar a su esposo, John Tubman. Quería que John regresara con ella al Norte. Desafortunadamente, John se había casado con otra mujer y no quiso irse.

Harriet rescató a muchos de sus familiares de la esclavitud en el Sur. En 1857, trajo a sus padres al norte a la libertad en St. Catharines en Ontario, Canadá.

Durante uno de los rescates, Harriet tenía un terrible dolor de muelas. En vez de sufrir con el dolor, Harriet sacó dos de sus dientes con una pistola.

Durante la Guerra Civil, Harriet se hizo enfermera para el ejército de la Unión en el Norte. Después, ayudó al ejército como espía y exploradora.

En 1863, Harriet guió a 150 soldados de la Unión en una incursión en Carolina del Sur. Las tropas liberaron a 750 esclavos y destruyeron las provisiones del enemigo.

Después de la Guerra Civil, Harriet se fue a Auburn, Nueva York. Mientras vivía en Auburn, trabajó con grupos para los derechos de la mujer, recaudó dinero para escuelas y ayudó en su iglesia.

Harriet abrió la Casa Harriet Tubman el 23 de junio de 1908. Este refugio benéfico ayudaba a afroamericanos mayores o enfermos en Nueva York.

Harriet se murió el 10 de marzo de 1913 en su hogar en Auburn, Nueva York. Desde el año 1953, la Casa Harriet Tubman ha sido un monumento a la vida de Tubman.

GLOSARIO

capataz—una persona encargada de observar y castigar a los esclavos

Congreso—la sección del gobierno de los Estados Unidos que aprueba las leyes

Constitución—el sistema escrito de leyes en los Estados Unidos que plantea los derechos de la población y los poderes del gobierno

desvanecimiento—una pérdida de visión o de memoria por un corto período de tiempo

esclavitud—poseer a otras personas; los esclavos son obligados a trabajar sin ser pagados.

estación—un lugar para esconderse en el Ferrocarril Clandestino

SITIOS DE INTERNET

FactHound proporciona una manera divertida y segura de encontrar sitios de Internet relacionados con este libro. Nuestro personal ha investigado todos los sitios de FactHound. Es posible que los sitios no estén en español.

Se hace así:

1. Visita *www.facthound.com*
2. Introduce este código especial **0736838295** para ver sitios apropiados según tu edad, o usa una palabra relacionada con este libro para hacer una búsqueda general.
3. Haz clic en el botón **Fetch It**.

¡FactHound te busca los mejores sitios!

Leer más

Healy, Nick. *Harriet Tubman: Conductor to Freedom.* Fact Finders Biographies. Mankato, Minn.: Capstone Press, 2005.

Klingel, Cynthia Fitterer. *Harriet Tubman: Abolitionist and Underground Railroad Conductor.* Our People. Chanhassen, Minn.: Child's World, 2004.

Monroe, Judy. *The Underground Railroad: Bringing Slaves North to Freedom.* Let Freedom Ring. Mankato, Minn.: Bridgestone Books, 2003.

Bibliografía

Bradford, Sarah H. *Harriet Tubman: The Moses of Her People.* Bedford, Mass.: Applewood Books, 1993. A facsimile of *Scenes in the Life of Harriet Tubman.* Auburn, N.Y.: W.J. Moses, 1869.

Clinton, Catherine. *Harriet Tubman: The Road to Freedom.* Boston: Little, Brown, 2004.

Conrad, Earl. *Harriet Tubman.* Washington, D.C.: The Associated Publishers, 1943.

Humez, Jean McMahon. *Harriet Tubman: The Life and the Life Stories.* Madison, Wis.: University of Wisconsin Press, 2003.

Johnson, Weldon James, and J. Rosamond Johnson, comp. *The Books of American Negro Spirituals.* New York: Viking Press, 1940.

Larson, Kate Clifford. *Bound for the Promised Land: Harriet Tubman: Portrait of an American Hero.* New York: Random House, 2005.

ÍNDICE TEMÁTICO